AF337526

FAREL

NOTICE

PAR

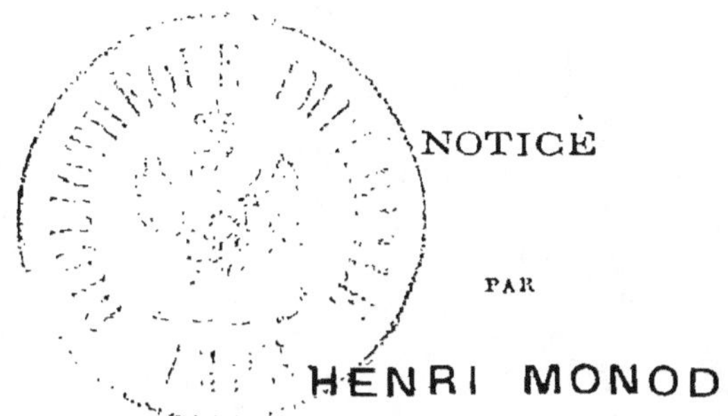

HENRI MONOD

Prix : 15 centimes

PARIS

LIBRAIRIE FRANÇAISE ET ÉTRANGÈRE

25, RUE ROYALE SAINT-HONORÉ

1865

FAREL

La vie et le caractère d'un homme acquièrent un grand
intérêt, quand cet homme personnifie en lui-même une
époque ou une œuvre spéciale. Farel personnifie admi-
rablement, par ses défauts comme par ses qualités, la
première partie de la Réformation dans la Suisse française. Quand aujourd'hui, à travers les idées polies de
notre civilisation et les notions modernes de la liberté
religieuse et des droits de la conscience, nous considé-
rons cette époque pleine de troubles et de violences, où
une religion nouvelle s'impose par la force, où l'on met
aux voix le choix entre deux cultes, et où les plus
grandes questions morales se décident à la majorité des
suffrages, nous nous sentons froissés, presque révoltés,
et nous, protestants, nous nous prenons à douter de la
pureté de nos origines. Mais autres temps, autres mœurs.
Ce qui nous scandaliserait aujourd'hui, semblait très légi-
time et très naturel au xvie siècle, et les vaincus ne son-
geaient pas plus à s'étonner de l'emploi des moyens vio-
lents que les vainqueurs à se le reprocher. Peut-être était-
il nécessaire. Une prédication calmement évangélique
eût eu sans doute alors peu de prise sur les populations:
elles avaient pris en dégoût une religion dégénérée ;

elles étaient abruties dans l'ignorance, et, à l'exemple de leurs prêtres, elles se précipitaient dans tous les excès de la corruption. Pour réveiller en elles le sens moral et religieux, il fallait frapper de grands coups, étonner les esprits, entraîner les imaginations, saisir d'abord l'homme extérieur.

Farel était merveilleusement propre à cette œuvre. Il était Français, et ce qui faisait le fond de son caractère, c'était (qu'on nous pardonne le mot) la *furia francese.* Cinquante ans de labeurs ne parvinrent pas à refroidir son zèle bouillant ; il garda jusqu'à la fin ce jeune enthousiasme du néophyte, qui inspire les plus grandes choses, mais égare aussi quelquefois. « Il avait plus besoin de bride que d'éperons (1), » et « son courage était plus celui d'un soldat que d'un chef (2). » Le fougueux Farel n'attend pas que ses ennemis se présentent : il va les chercher; là où ils sont les plus nombreux et les plus forts, c'est là qu'il court porter la guerre; il s'échappe tout ensanglanté de leurs mains, mais c'est pour revenir les combattre dès que ses blessures seront guéries. En vain Œcolampade veut modérer son ardeur : il semble créer les périls autour de lui; les idoles des temples qui s'appellent chrétiens lui causent de saintes colères ; il est toujours prêt à s'écrier :

Je les veux renverser,
Et périr dans leur temple, ou les y terrasser (3).

(1) Bayle. *Dictionnaire philosophique.*
(2) Mignet.
(3) Corneille, *Polyeucte.*.

Rencontre-t-il sur un pont une procession papiste, il se précipite, arrache d'entre les mains des religieux la châsse de saint Antoine, et la jette à la rivière. Il pénètre brusquement dans une église à l'heure où l'on y célèbre la messe, monte en chaire, commence à parler pendant que les chanoines chantent dans le chœur, et avant que la cérémonie ait pu s'achever, il a fait renverser l'autel, briser les statues, mutiler les images, et expulser les prêtres. A cette ardeur impétueuse, il joignait une indomptable obstination : qualités qui paraissent contraires, mais qui sont souvent unies dans les hommes de cette époque. Chassé d'un endroit, il y revient presque immédiatement ; on le bat et on le chasse de nouveau : il revient : on l'expulse encore, cette fois à demi-mort ; mais il revient obstinément, et finit toujours par avoir la victoire (1). Enfin, il avait à son service un instrument admirable : nous voulons parler de son entraînante éloquence. Rien de ce qui constitue l'orateur populaire ne lui faisait défaut : il ne parlait que par images frappantes ; il avait le geste pathétique, l'organe puissant. Sa langue était vulgaire, son style peu châtié et les expressions basses ne le faisaient pas reculer : mais son discours, toujours improvisé, coulait du fond de son âme comme un torrent déchaîné, emportant avec lui les multitudes convaincues. Il parlait, et les cathédrales des villes les plus papistes se trouvaient en quelque instants dépouillées de tous leurs ornements ; plus d'une

(1) Notamment à Gap, à Metz, à Genève.

fois, le prêtre lui-même, soudainement frappé de lumière, quittait l'autel pour venir apprendre l'Évangile à l'école du Réformateur. Véritable homme du XVIe siècle, nature de fer, s'oubliant absolument lui-même ; ne vivant que pour l'idée qu'il défend ; ne s'arrêtant devant aucun obstacle ; bravant la mort chaque jour ; zélé, mais imprudent ; courageux, mais téméraire ; énergique, mais violent ; peu sympathique, mais arrachant l'admiration, tel fut Farel.

Tel il devait être pour détruire le catholicisme dans la Suisse française. Nous avons jeté un rapide coup-d'œil sur son temps ; nous avons cherché à décrire son caractère : l'un et l'autre nous aideront à comprendre son œuvre.

Jamais ne fut mieux accompli cet ordre du Maître : « Si l'on vous persécute dans une ville, fuyez dans une autre. » Nous allons voir, en effet, le Réformateur allant de ville en ville, presque partout persécuté, et presque partout triomphant. Farel se faisait ordinairement accompagner de quelques jeunes convertis, qu'il associait à son œuvre et enflammait de son esprit. Comme les apôtres, quand il avait prêché l'Évangile, il laissait derrière lui un de ces néophytes pour continuer l'évangélisation, et affermir les nouveaux réformés.

Il commença par la France. Après sa conversion à Paris, il fut appelé à Meaux par l'évêque Briçonnet, qui avait trop de lumières pour ne pas être attiré vers la Réforme, mais trop peu de courage pour résister à la persécution. Aussi Farel, dès ses premiers pas dans la carrière d'évangéliste, en connut-il les périls. Obligé de s'enfuir de Meaux en 1523, il entre dans Gap, sa patrie. Ce fut la ville où il rencontra le plus de résistance et de haine ; aucune ne lui causa plus de tristesse (1). On le chasse avec mépris. Nous le retrouvons pourtant à Gap, en 1561 : on veut l'empêcher de parler, on le maltraite, on le meurtrit ; il prêche sur la place publique au milieu des pierres qu'on lui lance; on l'arrête, et on le traîne en prison. Ses amis le font évader, et le descendent le long de la muraille dans une corbeille, comme les chrétiens des premiers jours firent pour saint Paul. Enfin le 1er mai 1562, il rentre encore dans sa ville natale, mais c'est pour y voir les résultats de son œuvre : le catholicisme vaincu, et la Réforme établie.

Après sa première visite missionnaire à Gap, il avait été prononcer un discours à Grenoble. L'effet, disent les historiens, en fut prodigieux : des centaines de personnes se convertirent, et, en quittant la ville, il y établit comme pasteur Aynard Pichon (2). En 1524, il arrive à Montbéliard, sur l'appel d'Œcolampade. Cette ville, aujourd'hui toute protestante, le réclame à bon droit pour son réformateur. Protégé par Ulric de Wurtemberg, il eut dès le commencement de grands succès. La diète de Lucerne prit peur ; elle écrivit au duc Ulric pour réclamer

(1) *Geneva restituta.* Harangue de Fredericus Sphanheim.
(2) Théodore de Bèze, *Histoire ecclésiastique.* Livre V.

l'expulsion de Farel. Le duc se soumit, mais quand le réformateur partit, une nombreuse église était déjà constituée, et il laissait Toussaint pour le remplacer. Une dernière ville qu'il évangélisa en France, mais beaucoup plus tard, ce fut Metz. Pendant qu'il y prêchait, quelques paroles qu'il prononça contre le dogme de la virginité perpétuelle de Marie, faillirent lui coûter la vie. Elles soulevèrent une véritable émeute de femmes. Obligé de s'enfuir dans l'abbaye de Gorze, il y est assiégé par Claude de Guise. L'abbaye est envahie, un grand nombre de réformés sont massacrés ou noyés dans la Moselle. Farel se sauve dans un char de lépreux (1). Son travail ne fut pourtant pas perdu. En 1565, les protestants de Metz le rappelaient, et pendant le cours de la dernière année de sa vie, à l'âge de 76 ans, le Réformateur se rendait au milieu d'eux, et ses yeux, déjà presque fermés, se réjouissaient de voir les fruits dont il avait au milieu de tant de périls jeté la semence vingt-trois ans auparavant.

Suivons maintenant Farel en Suisse. C'est là que l'attendaient les plus grands périls et les plus éclatants succès.

Il arrive à Aigle en 1527, sous le nom de *Guillaume Ursinus* et en qualité de maître d'école. Mais bientôt il se démasque, attaque résolûment les prêtres, et peu s'en fallut qu'on n'en vînt aux mains. Farel ne recula pas. Il continua ses impétueuses harangues, et les prêtres s'étonnaient de voir les églises devenir désertes, tan-

(1) Martin Meurisse, *La naissance, le progrès et la décadence de l'hérésie dans la ville de Metz, et le pays Messin.* — Théodore de Bèze, *Hist. eccl.* Liv. XVI.

dis que les foules se pressaient sur la place autour de l'hérétique. Les églises elles-mêmes s'ouvrent à la prédication de l'Évangile ; les prêtres sont obligés de s'enfuir ; Aigle, Bex et Olon adoptent publiquement la religion protestante, et Farel, plaçant à la tête du troupeau des réformés Guillaume Dumoulin, quitte ce beau champ de travail pour aller en défricher d'autres.

Il se rend dans le baillage de Morat, et y rencontre une violente opposition. Pendant qu'il parle, les prêtres font sonner les cloches à toute volée pour étouffer sa parole ; mais sa voix tonnante, « qui faisait trembler les auditeurs, » dit Théodore de Bèze, domine le tumulte. Un grand nombre de conversions s'opère, et quelques mois plus tard, en 1530, Morat embrasse la Réforme.

L'infatigable Farel était déjà loin. Après deux tentatives inutiles sur Lausanne, dont il est violemment expulsé, il se rend à Neuchâtel. On lui en ferme les portes. Il commence à prêcher à Serrières, « dans les granges, dans les rues, dans les maisons, partout où il trouve une oreille attentive (1). » Des protestants de Neuchâtel s'emparent de lui, le placent au milieu d'eux et le font ainsi pénétrer dans la ville. Il parle aussitôt publiquement, et les conversions s'opèrent. Les prêtres d'une part, et de l'autre, le gouverneur de la Rive, font pour arrêter le mouvement de vains efforts. Ce mouvement s'étend, gagne de proche en proche, et finit par devenir irrésistible. La catholique Neuchâtel est conquise. Les lieux même où prêche

(1) Haag. *France protestante.*

Farel marquent les progrès de la Réforme : il parle d'abord sur les bornes, au coin des rues ; puis dans le cimetière : puis dans la chapelle de l'hospice ; enfin, il envahit la cathédrale. Il monte en chaire : à sa voix, les objets les plus vénérés du culte sont mis en pièces, et sur les murs de l'église, on lit bientôt cette inscription, qui subsiste encore aujourd'hui :

L'AN 1530, LE 23 D'OCTOBRE
FUT OSTEE ET ABOLIE L'IDOLATRIE DE CEANS
PAR LES BOURGEOIS.

Farel laisse Antoine Marcourt derrière lui, et part pour de nouvelles conquêtes.

Il faillit être massacré à Valangin. Son jeune ami, Antoine Boyve, non moins impétueux que lui, arrache l'hostie des mains du prêtre. Tout sanglants, Farel et Boyve s'échappent de l'église ; mais on se saisit d'eux dans la montagne : on les ramène, on les descend dans un caveau, et on allait les mettre à mort, quand une députation neuchâteloise vient les réclamer et les délivrer.

A Orbe, Farel subit des avanies de tout genre A Granson, il est près d'être assassiné. A Payerne, il est jeté en prison. A Bevet, il est chassé du temple, accablé d'insultes et victime de violences. A Corcelles, il est grièvement blessé. A Saint-Blaise, il est laissé pour mort, et s'enfuit sur un bateau (1).

Enfin sa voix puissante se fait entendre à Genève. Les catholiques s'effraient : on lui propose de tenir une con-

(1) De Perrot. *L'Eglise et la Réformation*. II.

férence publique, il accepte avec empressement : mais cette conférence est un odieux guet-apens. Les injures, les coups pleuvent sur lui : il parvient pourtant à se sauver. En 1533, il revient encore, il se heurte aux mêmes oppositions, et la future capitale du protestantisme le voit fuir pour la deuxième fois. Ces essais malheureux ne l'empêchent pas d'en faire un troisième : il rentre à Genève, et, après une discussion doctrinale avec Furbity le catholique, il n'échappe que par miracle à une tentative d'empoisonnement. Mais cette fois, il ne sort pas de la ville. Il commence par prêcher dans l'église du couvent de Rive; et porté par l'enthousiasme du peuple, il entre successivement à la Madeleine, à St-Gervais, puis à St-Pierre où se reproduisent les scènes de Neuchâtel. Sa cause était gagnée. Calvin pouvait venir, et, en organisant l'église protestante, continuer l'œuvre de celui qui venait d'abattre l'église catholique.

On sait de quelle manière la Réformation passait alors des mœurs dans les lois. Quand l'autorité se sentait débordée, quand elle voyait qu'aucune puissance humaine ne pouvait plus arrêter le torrent, elle convoquait les docteurs de l'Église romaine et les prédicateurs réformés à une dispute publique. La dispute achevée, l'on faisait voter le peuple, et la religion qui réunissait le plus de suffrages était proclamée religion de l'État. A Neuchâtel, la Réformation s'établit ainsi à dix-huit voix de majorité. On comprend le rôle que l'éloquence de Farel lui réservait dans ces conférences : à Genève, à Aigle, à Lausanne, à

Berne, à Neuchâtel, il y prit une part fort active. Qui n'a entendu parler de la fameuse dispute que, tout jeune encore, il soutint à Bâle contre les théologiens, curés et écoliers ? Au dernier moment, ceux-ci reculèrent, et refusèrent le défi. Le Conseil leur ordonna de se présenter, « menaçant les récalcitrants de leur interdire l'usage des moulins et des fours, et l'abord du marché public. » La victoire de Farel fut complète (1). Malgré ce succès, ou peut-être à cause de ce succès, le Conseil crut devoir l'éloigner de Bâle. « Il craignait une sédition, » dit Érasme.

Neuchâtel fut le théâtre des derniers travaux de l'illustre réformateur. Il eut la douleur de retrouver son église désorganisée : mais il parvint, en surmontant les plus grands obstacles, à y rétablir une discipline sévère. Aussi les ministres de Bâle, le 28 juillet 1554, écrivent-ils à la classe de Neuchâtel : « qu'ils louent le zèle de » Farel, en ce qu'il s'applique de faire en sorte que la » discipline ecclésiastique fût religieusement observée; » que le règne du vice fût éloigné ; que l'usage des saints » sacrements fût saint et fructueux ; ajoutant qu'ils trou- » vaient bon avec Farel que ceux qui péchaient d'une ma- » nière scandaleuse à l'Église, fissent une solennelle con- » fession de leurs fautes, rendissent un témoignage public » de leur repentance, et réparassent par une humiliation » extraordinaire le scandale qu'ils avaient causé. » Farel mourut au milieu de son troupeau, le 13 septem-

(1) Melchior Adam. *In vitis theol. exter.*

bre 1565, à l'âge de 76 ans, laissant 120 livres de fortune.

On aime généralement à avoir quelques détails sur la vie privée de ceux qui ont joué un grand rôle politique ou religieux. Mais, un homme comme Farel n'a véritablement pas de vie privée. Nous savons qu'il était de famille noble et riche, qu'il avait été d'abord très-fervent dévot catholique, et qu'à Paris, élève de Lefèvre d'Étaples, il avait été converti en même temps que lui par la lecture de l'Évangile. Mais depuis ce moment, son œuvre au dehors absorbe tout son temps, toute son activité; la vie d'intérieur, la vie de famille, n'existe pas pour lui. Ce n'est qu'à 69 ans qu'il trouva le temps de se marier : il eut un fils qui ne lui survécut que trois ans. Ce fut une des joies de sa vie que de voir ses frères se convertir à sa parole, et s'associer à ses travaux. Comme ses frères, tous ses amis furent ses collaborateurs. Son œuvre le mit en rapport avec tous les réformateurs de son temps : il rencontra Bucer à Strasbourg, Zwingle à Zurich, Haller à Berne. Il se lia lui, l'impétueux Farel, avec le doux Œcolampade. « O mon cher Farel, lui disait ce dernier, j'espère que le Seigneur rendra notre amitié immortelle : et si nous ne pouvons vivre ensemble ici-bas, notre réunion n'en sera que plus heureuse auprès de Christ. » (1) Il fut l'instrument de la conversion de Viret, qui, âgé de vingt ans, ayant entendu Farel prêcher à Orbe sa patrie, se tourna subitement vers la Réforme. Nous possédons une partie de sa correspondance avec Calvin, et nous au-

(1) Zwingle et Œcolampade. *Epistolæ.*

rions été heureux d'en citer des extraits, si cette notice n'était déjà trop étendue. Bannis ensemble de Genève, après y avoir évangélisé ensemble, travaillant à la même œuvre avec des caractères forts différents, Calvin et Farel restèrent toujours amis ; ils ne se trouvèrent qu'une fois en désaccord ; ce fut à propos du mariage de Farel, que Calvin trouvait ridicule. Calvin parle d'ailleurs toujours de lui avec de grands éloges et une vive amitié. Très-bon et très-cher frère, l'appelait-il : *Optime et dulcissime frater* (1). Après Dieu, c'est à Farel que Genève doit Calvin. Celui-ci se refusait à la vie active ; il voulait aller travailler tranquillement à Bâle, et poursuivre l'œuvre commencée par l'*Institution de la religion chrétienne* ; il résistait aux instantes prières de son ami. « Et moi, je te déclare, s'écria enfin Farel, que si tu te refuses à rester ici, Dieu te maudira. Tu te cherches toi-même, et non pas Christ. » Calvin céda. « Ce fut, dit-il lui-même, une adjuration effrayante, comme si Dieu eût d'en haut étendu sa main pour m'arrêter. » Quelques années plus tard, Calvin dédiait à Farel son *Commentaire sur l'Épître à Tite.* « L'œuvre que tu m'as confiée à Genève, lui écrivait-il, ressemble à celle que Paul avait commise à Tite. » Tite, c'est Calvin ; Paul, c'est Farel.

Mais s'il sut se faire aimer de Calvin, d'Œcolampade, de Viret, sa franchise impitoyable et imprudente devait lui faire des ennemis de tous les hypocrites et de tous les flatteurs. Celui dont il se fit le plus

(1) *Calvinus Farello.* 4 avril 1541.

terrible adversaire, ce fut Érasme. Farel avait rencontré à Bâle le fameux écrivain de Rotterdam. Il n'avait pas voulu plier le genou devant cette divinité de la Renaissance que Luther lui-même avait cru devoir ménager, et voyant ses hésitations, ses craintes, ses lâchetés, son cœur partagé entre Rome et la Réforme et n'attendant que la défaite de l'un pour se ranger du parti de l'autre, voyant ses bassesses à l'égard des grands et des riches qui le pensionnaient, il l'appela Balaam, c'est-à-dire à la fois traître à la vraie religion et ami de l'argent. Érasme, déjà irrité de ce que ce jeune homme, ce nouveau venu, ne lui rendait pas hommage, fut d'autant plus exaspéré que le trait portait juste. Depuis ce moment, il ne cessa de poursuivre de sa haine le Réformateur. « Je n'ai rien vu, écrit-il, de plus menteur, de plus violent, de plus séditieux que cet homme (1). » Mais chaque fois qu'il accable ainsi Farel d'injures, il a la maladresse de rappeler que celui-ci l'a nommé Balaam (2).

Les historiens catholiques ont traité Farel comme ils ont traité les autres réformateurs. Lindanus (3) et Patréolus (4) l'accusent d'avoir prêché contre le Saint-Esprit; le père Gauthier (5), cherchant toujours à diviser entre eux les protestants, ne craint pas de dire que c'est Calvin qui a fait expulser Farel de Genève, alors qu'il est constant qu'ils en furent bannis tous deux en même temps; et

(1) *Nihil vidi mendacius, virulentius, et seditiosius.* — (2) Voir surtout dans les lettres d'Érasme, la 113ᵉ du XIXᵉ livre et la 59ᵉ du XXXIᵉ livre.— (3) Lindanus. *In Dubitantio.* Dialogue II.— (4) Patréolus. *In Eleucho Heres.* p. 180.—(5) Père Gauthier. *Tables chronologiques.*

enfin Florimond de Rémond (1) n'épargne pas même Farel dans les odieuses et audacieuses calomnies qu'il a répandues sur la vie privée des pères de la Réforme : on comprend avec quel soin le père Maimbourg et Leclerc ont recueilli tous ces mensonges, qui n'ont pas même besoin de réfutation.

Nous ne possédons naturellement aucun des discours de Farel, puisqu'il ne les écrivait jamais. Les quelques ouvrages qu'il a laissés, assez pauvres pour le fond des idées, sont d'un style un peu lourd et embarrassé : toute sa puissance était dans la parole improvisée (2).

Si Farel, qui travailla avec autant d'ardeur et de succès et plus longtemps qu'aucun réformateur, est pourtant moins connu que plusieurs autres, on en comprend maintenant les causes. C'est qu'il était plus fait pour renverser que pour édifier. Tout en apportant l'Évangile aux populations, sa tâche spéciale a consisté à détruire les abus, à briser les idoles, à abattre le catholicisme romain. Il avait une foi entière dans les Saintes-Écritures, mais le côté dogmatique l'inquiétait peu ; la théologie lui était étrangère ; la vie publique ne lui laissait pas de temps pour l'étude. Homme d'action, il s'est lancé en avant comme un hardi pionnier, et à grands coups de hache sa main vigoureuse a déblayé le terrain sur lequel d'autres ont construit.

(1) Florimond de Rémond. *Histoire de l'hérésie.*

(2) Son meilleur livre est celui qui est intitulé : *Du vray usage de la Croix.* Encore aujourd'hui personne ne le lira sans profit.

Versailles.— Imp. CERF, 59, rue du Plessis.

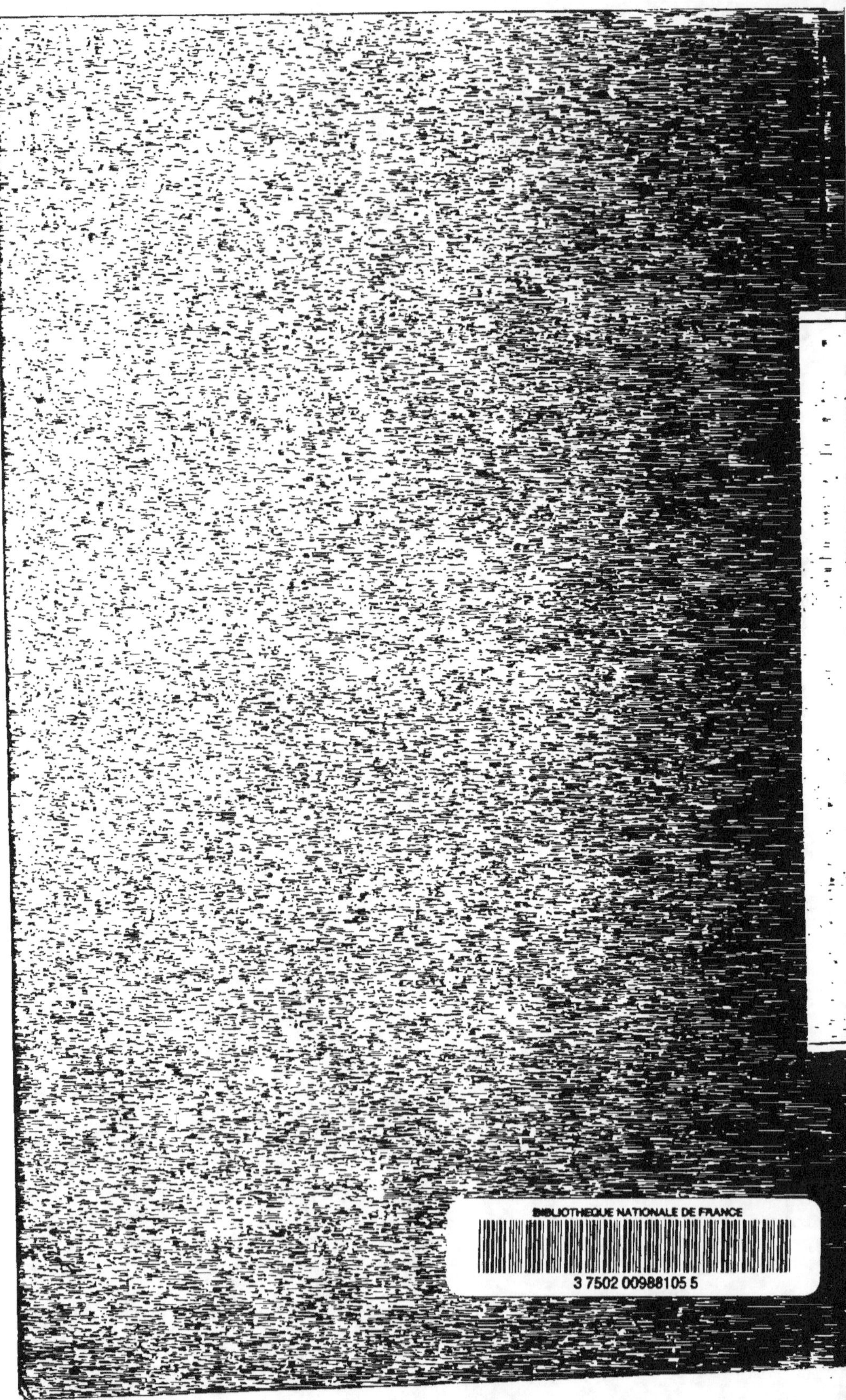